BEI GRIN MACHT SICH IHR WISSEN BEZAHLT

- Wir veröffentlichen Ihre Hausarbeit, Bachelor- und Masterarbeit

- Ihr eigenes eBook und Buch - weltweit in allen wichtigen Shops

- Verdienen Sie an jedem Verkauf

Jetzt bei www.GRIN.com hochladen und kostenlos publizieren

Anne Graefen

Auswirkungen einer schweren Spastik auf das Lernen

GRIN Verlag

Bibliografische Information der Deutschen Nationalbibliothek:

Die Deutsche Bibliothek verzeichnet diese Publikation in der Deutschen National-
bibliografie; detaillierte bibliografische Daten sind im Internet über http://dnb.d-
nb.de/ abrufbar.

Impressum:

Copyright © 2006 GRIN Verlag GmbH
Druck und Bindung: Books on Demand GmbH, Norderstedt Germany
ISBN: 978-3-656-71448-4

Dieses Buch bei GRIN:

http://www.grin.com/de/e-book/278328/auswirkungen-einer-schweren-spastik-auf-
das-lernen

GRIN - Your knowledge has value

Der GRIN Verlag publiziert seit 1998 wissenschaftliche Arbeiten von Studenten, Hochschullehrern und anderen Akademikern als eBook und gedrucktes Buch. Die Verlagswebsite www.grin.com ist die ideale Plattform zur Veröffentlichung von Hausarbeiten, Abschlussarbeiten, wissenschaftlichen Aufsätzen, Dissertationen und Fachbüchern.

Besuchen Sie uns im Internet:

http://www.grin.com/

http://www.facebook.com/grincom

http://www.twitter.com/grin_com

Beschreiben Sie die Auswirkungen einer schweren Spastik auf das Lernen!

Abkürzungen:

ZB: Zerebrale Bewegungsstörungen

ZP: Zerebralparese

schw. S: schwere Spastik

M.m.schw.S: Menschen mit einer schweren Spastik

1. Einleitung

Zu Beginn dieser Arbeit möchte ich aufzeigen, was unter dem Begriff der Spastik zu verstehen ist (Kapitel 2). Da die Spastik die häufigste Erscheinungsform der zerebralen Bewegungsstörungen (im Folgenden: ZB) darstellt, möchte ich auf diese Form der Behinderung sowohl aus medizinischer Sicht als auch von einer pädagogischen Betrachtungsweise aus genauer eingehen (Kapitel 3). Anschließend stelle ich die Heterogenität des Personenkreises von Menschen mit ZB dar und klassifiziere die ZB medizinisch nach Ursachen (Kapitel 4) und Erscheinungsformen (Kapitel 5). Dort möchte ich deutlich machen, was unter einer schweren Spastik (im Folgenden: schw. S zu verstehen ist. In Kapitel 6 beschreibe ich die Auswirkungen und Begleiterscheinungen einer schw. S in den verschiedenen Entwicklungsbereichen, bevor ich den Begriff des Lernens näher beleuchte (Kapitel 7) und anschließend auf die jeweiligen Auswirkungen einer schw. S auf das Lernen zu sprechen komme (Kapitel 8). In Kapitel 9 möchte ich meine Arbeit mit einem Fazit beenden.

2. Spastik

Der Begriff „Spastik" kommt von dem griechischen Wort „spasmos" und bedeutet Krampf: eine sehr gute Beschreibung der größten Auswirkung dieser Körperbehinderung (Def. nach OSKAMP und HAUPT: Die Bewegungsfähigkeit ist aufgrund einer Schädigung des Stütz- und Bewegungsapparates oder einer anderen organischen Schädigung nicht nur vorübergehend beeinträchtigt.). Die Spastik wird durch eine Schädigung des 1. motorischen Neurons (Pyramidenbahn zwischen Pyramidenzelle im Gehirn und Vorderhornzelle im Rückenmark) und einem Mitbefall extrapyramidaler Fasern verursacht (vgl. NIETHARD/PFEIL, 1997); z.B. durch Hirninfarkt oder Trauma im Bereich des Gehirns oder Rückenmarks. Das pyramidale

1

System wirkt normalerweise hemmend auf die Regulation des Muskeltonus und ist verantwortlich für die Willkürmotorik. Aufgrund der Störung dieses pyramidalen Systems ist die Spastik gekennzeichnet durch eine Hypertonie, welche zu einer eingeschränkten Willkürmotorik führt, weil bei jeder Bewegungsabsicht eine pathologische Co-Kontraktion von Agonisten und Antagonisten stattfindet. Die Bewegungen sind verkrampft, stockend und langsam bis hin zur Bewegungsunfähigkeit. Zudem können die Haltungsanomalien zu Muskelverkürzungen und Gelenkversteifungen führen.

Mit ca. 75 % ist die Spastik die weitaus häufigste Erscheinungsform zerebraler Bewegungsstörungen (im Folgenden: ZB). Was darunter zu verstehen ist, wie sie verursacht werden und welche Erscheinungsformen es gibt, möchte ich in Kapitel 3 bis 5 beschreiben.

3. Zerebrale Bewegungsstörungen

Der Begriff „zerebrale Bewegungsstörungen" wird heute häufig statt des Begriffs „Zerebralparese" verwendet, um die missverständliche Nutzung des Begriffs der „Parese" (Erschlaffung; unvollständige Lähmung) zu vermeiden.

Bei den ZB handelt es sich um die häufigste Form der Körperbehinderung, die nach der medizinischen Klassifikation der Großgruppe der Gehirn- und Rückenmarksschädigungen (ZNS) zugeordnet werden kann (vgl. LEYENDECKER, 2000: 18). Um die sehr heterogenen Hirnschädigungen zu kategorisieren, werden folgende Einteilungen vorgenommen:

- Ätiologie 50 % idiopathisch
- Topographie Erscheinungsformen (Spastik, Dyskinesen, Ataxie) abhängig vom anatomischen Ort der Hirnschädigung

(vgl. LEYENDECKER, 2000: 18)

Auf die einzelnen Gliederungspunkte möchte ich in Kapitel 4 ausführlicher eingehen.

Nach KALLENBACH (2000) lässt sich die ZP „als eine Bewegungsstörung definieren, die durch bleibende, nicht weiter fortschreitende Schädigungen, Veränderungen oder Fehlentwicklungen der zentralen bewegungssteuernden Systeme Gehirn und Rückenmark [. . .] entstanden ist". Sie führt im Wesentlichen zu sensomotorischen Störungen und einem abnormen Muskeltonus, der die Bewegungsplanung, -innervation, -steuerung und -kontrolle beeinträchtigt und damit die Haltungs- und Bewegungsfähigkeit und die Gleichgewichtsreaktionen erschwert. Viele stereotype und primitive Bewegungsmuster aus dem Baby- und Kleinkindalter bleiben erhalten und werden nicht wie in der normalen Entwicklung durch übergeordnete Hirnstrukturen überlagert. Beispiele für diese persistierenden Reflexe sind: der Moro-Reflex, die tonischen Reflexe oder der Greifreflex. Neben primären Funktionsausfällen bzw. -störungen der Bewegungsfähigkeit kann es auch zu Folgeerscheinungen kommen: Epilepsien, vegetative Störungen, Skoliose, Hüftdysplasie.

Die hier praktizierte Art der medizinisch-defektorientierten Betrachtung ist gängig. Wird jedoch von der Schädigung linear auf den Komplex der Behinderung geschlossen, so ist dies durchaus kritisch und als unzureichend zu betrachten. Schädigung und Behinderung stehen zwar in einem Grund-Folge-Verhältnis, aber nicht in einem Kausalzusammenhang (vgl. WELLMITZ, 1993). In den Kapiteln 2 bis 5 bewege ich mich jedoch bewusst auf den Ebenen der Schädigung. Diese begrenzte Sichtweise wurde gewählt, um die Themenstellung der Klausur in einem angemessenen Rahmen bewältigen zu können. Jedoch soll weder die Eingebundenheit einer jeden Persönlichkeit in den vielschichtigen sozialen Kontext (ökosystemischer Ansatz: Berücksichtigung der Umweltfaktoren), noch die prinzipielle Ganzheit eines Jeden bestritten werden. Die Auswirkungen einer ZP auf die einzelnen Entwicklungsbereiche werden in Kapitel 6 aufgeführt.

4. Ursachen zerebraler Bewegungsstörungen

Die ZB können in zwei große Gebiete eingeteilt werden:

4.1 Die infantile Zerebralparese (ICP): Folgezustände frühkindlicher Hirnschäden (Beginn der Schwangerschaft bis zum Ende des zweiten Lebensjahres)
50 % der ICP sind idiopathisch, die übrigen Ursachen werden wie folgt unterteilt:

- **pränatal** (vor der Geburt im Mutterleib): Fehlen oder Unterentwicklung von Gehirnabschnitten, Sauerstoffmangelzustände, Infektionen (z.B. Röteln, Herpes, Syphilis und Toxoplasmose), toxische Einwirkungen (z.B. Medikamenteneinnahme, Alkoholabusus oder Drogenabhängigkeit der Mutter), Erbkrankheiten, Fehlbildungen des Mutterkuchens, Verletzungen, Blutungen, Blutgruppenunverträglichkeit, Schwangerschaftskomplikationen.

- **perinatal** (während der Geburt): <u>Asphyxie</u> (Atemstillstand), Hypoxie (Sauerstoffmangel im Blut), mechanische Schäden, Nabelschnur-

3

komplikationen, Hirnblutungen bei komplizierter Geburt, Früh- und Risikogeburten.

- **postnatal** (nach der Geburt – Neugeborenenalter bis ca. zwei Jahre): Kernikterus, Infektionskrankheiten, Entzündungen (Meningitis, Enzephalitis), Krampfanfälle, respiratorische Störungen, Sauerstoffmangel, schwere Kopfverletzungen (Gehirnerschütterung oder -prellung).

(vgl. erste Einteilung: KUNERT, 1979; KALLENBACH, 2000)

Meist ist nicht nur eine Ursache für die Hirnschädigung verantwortlich, sondern eine ganze Kette. Hauptursache ist der Sauerstoffmangel. Zwischen 1 bis 5 pro 1000 Neugeborene sind von einer ICP betroffen (vgl. NIETHARD/PFEIL), davon sind 60 % Jungen (vgl. KALLENBACH, 2000).

4.2 Später erworbene Zerebralschäden:

- Hirnverletzungen durch Unfall, Schlaganfall, Schuss oder Sturz (z.B. Schädel-Hirn-Trauma, Gehirnerschütterung oder -prellung)
- Sauerstoffmangel durch Vergiftungen oder bei Schwimmunfällen
- Meningitis und Enzephalitis
- Hirntumoren und Folgen von chirurgischen Eingriffen beim Entfernen

(vgl. KUNERT, 1979; STADLER, 1998)

5. Erscheinungsformen zerebraler Bewegungsstörungen

Zwei Menschen mit einer ZP weisen nie die exakt gleichen Symptome auf. Die ZP lässt sich zwar in Gruppen einteilen, aber da eine ZP fast nie als Reinform zu sehen ist, gibt es Tausende von Mischformen.

5.1 Topographischer Aspekt

Die Anomalien lassen sich vor allem in den Extremitäten erkennen. Daher erachte ich es als sinnvoll, die verschiedenen Kombinationen der betroffenen Extremitäten aufzulisten, bevor ich die einzelnen funktionellen Veränderungen genauer beschreibe.

Tetra- oder Quadriparese: alle vier Gliedmaßen einschließlich Rumpf, Hals und Kopf

Diparese:	alle vier Gliedmaßen mit stärkerer Beteiligung der Beine
Paraparese:	beide Beine ohne nennenswerte Beteiligung der Arme
Hemiparese:	die Gliedmaßen einer Körperhälfte
Monoparese:	eine Extremität: Arm oder Bein (sehr selten)
Triparese:	drei Extremitäten: beide Arme und ein Bein oder umgekehrt (eher selten)

(vgl. NIETHARD/PFEIL, 1997)

5.2 Funktioneller Aspekt

Hier wird zwischen der Spastik, den Dyskinesen und der Ataxie unterschieden. Die Spastik habe ich bereits in Kapitel 2 beschrieben und auf die beiden anderen Formen möchte ich nur ganz kurz zum Zweck der Abgrenzung eingehen, bevor ich erkläre, was ich unter einer schw. S verstehe.

5.2.1 Dyskinesen (extrapyramidales Syndrom): ca. 10 % aller Betroffenen

Dyskinesen werden in Athetose und Chorea unterschieden:

Bei der *Athetose* führt der ständig wechselnde Muskeltonus bei einem eher schlaffen Grundtonus zu einer Beeinträchtigung der Körperhaltung und der gesamten unwillkürlichen Bewegungsabläufe. Folgen: Bewegungsunruhe und Dysmetrie

Treten plötzlich einschießende, unwillkürliche, unphysiologische, arhythmische und ruckhafte Muskelkontraktionen in fast allen Körperregionen auf, handelt es sich um *Chorea.*

5.2.2 Ataxie (cerebellares Syndrom): ca. 15 % aller Betroffenen

Ataxien zeigen sich durch Dysmetrie, Koordinations- und Gleichgewichtsstörungen. Es kommt zu zittrigen, verwackelten und über das Ziel hinausschießenden Bewegungen mit Intentionstremor bei einem eher schlaffen Grundtonus.

(vgl. KALLENBACH, 2000)

5.2.3 Schwere Spastik

Offen blieb bisher noch die Definition einer schweren Spastik (im Folgenden: schw. S). Dabei handelt es sich um eine spastische Tetraparese, die im typischen Fall zu einem Erscheinungsmuster mit Spitzfuß, Knie- und Hüftbeugekontraktur und Innenrotation der Beine und Arme führt. Die ausgeprägten und therapeutisch nur schwer angehbaren Kontrakturen sind das Hauptproblem und verhindern die

5

Vertikalisierung, führen zu Wachstumsstörungen und schmerzhaften Gelenkveränderungen. Die Prognose ist insgesamt ungünstig. Die besonders schwer betroffenen Menschen erreichen weder Sitz- noch Stehfähigkeit. Eine schw. S ist in den meisten Fällen auch mit anderen Störungen kombiniert: Intelligenzminderung (oftmals hochgradig geistige Behinderung), Epilepsie, Teilleistungsschwächen, schwere Sprachstörung, Schluckstörung, Wahrnehmungsstörungen, Verhaltensauffälligkeiten, Einschränkung der sozialen Kontaktaufnahme etc. Eine schw. S ist eine Mehrfachbehinderung (vgl. KALLENBACH). Darunter versteht man zwei oder mehrere Behinderungen, die zusammentreffen – entweder unabhängig voneinander oder als Sekundär- bzw. Folgebehinderungen. Die Anzahl von Personen mit einer schw. S nimmt aufgrund der Fortschritte in der Neonatologie zu: Kinder mit einer schw. S wären früher gestorben, heute jedoch überleben sie und so finden sich in den Sonderschulen immer mehr schwerst mehrfachbehinderte Kinder.

6. Auswirkungen und Begleiterscheinungen einer schweren Spastik

Auch wenn es **die** schw. S nicht gibt und der Umfang an Begleiterscheinungen sehr groß ist, möchte ich die wichtigsten Symptome einer schw. S den verschiedenen Entwicklungsbereichen zuordnen. In der folgenden Abbildung von FRÖHLICH wird deutlich, dass die einzelnen Entwicklungsbereiche sehr eng miteinander zusammen hängen und sich gegenseitig beeinflussen. Alle zusammen bilden ein Ganzes: Ist ein Bereich gestört, ist die Entwicklung insgesamt gestört (vgl. Gestaltkreistheorie).

6.1 Motorik

Bei allen Erscheinungsformen treten Störungen in der Haltungs- und Bewegungsfähigkeit auf (s. Kapitel 2). Menschen mit einer schw. S erreichen wohlmöglich niemals die Sitz-, Steh- oder Gehfähigkeit und sind somit lebenslang auf Pflege und andere Hilfe bei alltäglichen Verrichtungen (Essen, Trinken, Körperpflege, Toilettengang, Kleidung wechseln etc.) angewiesen. Die Koordinationsfähigkeit ist eingeschränkt, die Gleichgewichtsreaktionen sind erschwert und es kommt zu einer Verzögerung der statomotorischen Entwicklung. Die mangelnde Kopfkontrolle und die eingeschränkte Feinmotorik der Augen im Zusammenwirken mit den Wahrnehmungsstörungen wirken sich wiederum auf die Koordination von Sehen und Greifen/Loslassen (Hantieren und Manipulieren) aus. Bei M.m.schw.S setzt die Auge-Hand-Koordination demnach meist verspätet ein oder ist gar nicht vorhanden (vgl. KALLENBACH, 2000:62), wodurch der Erwerb erster Objektbeziehungen, Verknüpfungen nach dem Ursache-Wirkung-Prinzip und das Begreifen abstrakter Inhalte erschwert werden (gestörte Assimilation und Akkomodation). Auch die Körpererfahrung ist durch die motorischen Einschränkungen begrenzt und das Körperschema entwickelt sich verlangsamt. Nur eingeschränkt können Kinder mit einer schw. S spielerische Übungen mit ihrem Körper durchführen. Hinzu kommen eventuelle Therapien und medizinische Eingriffe, die eine entspannte Erfahrung mit dem Körper nicht möglich machen. Müssen die Kinder z.B. von klein an künstlich ernährt werden, machen sie nur sehr negative orale Erfahrungen und haben keine Anreize, sich auszuprobieren oder Erfahrenes zu variieren.

6.2 Wahrnehmung

Aufgrund der eingeschränkten sensorischen Aufnahmefähigkeiten vieler Menschen mit schw. S kommt es zu behinderten Wahrnehmungsmöglichkeiten, die schon durch die motorische Insuffizienz nur eingeschränkt möglich sind. Die Auswirkungen zeigen sich in einem Erfahrungsmangel und in der unzureichenden Fähigkeit, neue Erfahrungen aufzunehmen und zu integrieren (vgl. LEYENDECKER). So ist z. B. die Perzeption von Form, Größe, Menge, Richtung und Raum durch die veränderte sensomotorische Entwicklung beeinträchtigt.

Man unterscheidet zwischen einer Störung der sensorischen Rezeption durch den Ausfall oder eine Beeinträchtigung bestimmter Sinnesorgane und zentralen Wahrnehmungsstörungen, bei denen die zentralnervöse Verarbeitung und Integration durch die Hirnschädigung beeinträchtigt sind. Nach AYRES bestehen Wahrnehmungsstörungen vor allem in einer Schwäche der intermodalen und serialen Integration. Auf die das Lernen betreffenden Auswirkungen möchte ich in Kapitel 8.2 eingehen.

6.3 Sprache und Sprechleistungen

Ein Großteil der M.m.schw.S ist von Sprachstörungen betroffen. Vergleichbar mit den Wahrnehmungsstörungen unterscheidet man auch hier zwischen zentralen Sprachstörungen (motorische und sensorische Aphasie) und funktionellen Sprachstörungen (je nach Schweregrad: Dysarthrie oder Anarthrie), die auf die eingeschränkte Feinmotorik vor allem im Gesichts- und Mundbereich zurückzuführen sind. Bei Menschen mit schw. S liegt eine neuromuskuläre Funktionsstörung der am

Sprechvorgang beteiligten Artikulationsorgane Zunge, Gaumen, Kiefer, Lippen und Wangen vor. Dadurch ist die gesamte Sprechmotorik einschließlich der Atem- und Stimmgebung in Mitleidenschaft gezogen. Störungen der Sprechfunktionen haben allerdings nur selten auch Auswirkungen auf das Sprachverständnis.

6.4 Sozial-emotionale Befindlichkeit

Der Einfluss der Behinderung auf die sozial-emotionale Entwicklung ist abhängig von der frühen Mutter-Kind-Beziehung, aber auch von den Reaktionen der übrigen Umwelt. Überbehütung, aber auch Überforderung des Menschen mit ZP stellen die Ursachen psychischer Fehlentwicklungen dar. Eine zu starke Abhängigkeit von der Mutter oder einer anderen engen Bezugsperson führt zu Unselbstständigkeit und „erlernter Hilflosigkeit", die eine Reduzierung der eigenen Ziele und eine eingeschränkte Selbstverwirklichung zur Folge hat. An die Stelle des Ziels Autonomie tritt dann die Alternative Bindungslosigkeit oder Abhängigkeit. Bei erhöhten und unangemessenen Leistungserwartungen der Umwelt und den trotz großer Mühe entstehenden Frustrationserlebnissen des betroffenen Kindes kommt es zu Interessenlosigkeit, Motivationsverlusten, Leistungsverweigerungen, Frustration, Aggressionen, Ängsten und Unsicherheitsreaktionen.

6.5 Kognitives Leistungsvermögen

Die Annahme, eine Hirnschädigung führe generell zu Beeinträchtigungen in der kognitiven Entwicklung, ist falsch. Bei einer möglichst frühen und adäquaten Förderung in den verschiedenen Entwicklungsbereichen und der Ermöglichung vielfältiger Erfahrungen, können M.m.schw.S heute bis zu ihrem optimalen Leistungsniveau gefördert werden. Die Varianz der individuellen Leistungsfähigkeit ist beträchtlich. Bei sehr schweren Schäden und einer mangelnden Förderung kann es jedoch auch zu massiven geistigen Retardierungen kommen.

Bevor ich auf die jeweiligen Auswirkungen auf das Lernen verdeutlichen, möchte ich kurz erläutern, wie ich den Begriff des „Lernens" verstehe.

7. Definition Lernen

Lernen ist eine Grundfähigkeit **jedes** Menschen und besteht darin, dass er sich Verhaltensweisen, Kenntnisse, Fähigkeiten und Fertigkeiten aneignen kann. Die dabei ablaufenden Prozesse werden als Lernen bezeichnet. Der Begriff ist eine

Sammelbezeichnung für „Prozesse, die zu einer Verhaltensänderung durch Erfahrung oder Einsicht führen" (STADLER, 1998). Dieser Vorgang ist nicht unmittelbar zu beobachten, sondern zeigt sich erst in einer Verhaltensänderung. Die Lernforschung geht davon aus, dass durch geplante und konstruierte Erfahrungsanlässe Lernen ermöglicht wird. Auch das menschliche Gehirn selbst lernt, wie es z.B. wahrnehmen und seine Fähigkeiten erweitern kann. Der ganzheitliche Prozess des Lernens basiert auf dem biologischen Grundbedürfnis zu überleben. Dabei ist besonders das Kind hinsichtlich seiner biologischen Bedürfnisse (z.B. ausgewogene Ernährung), aber auch seiner geistigen Bedürfnisse auf Zuwendung, Fürsorge und Anregung angewiesen.

Die Lernfähigkeit kann in zwei Bereiche aufgeteilt werden: Das **explizite** Lernen erfordert bewusste Anteilnahme und erbringt Wissen, welches im expliziten Gedächtnis (biografisch, örtlich oder zeitlich definierte Ereignisse) gespeichert wird. Das **implizite** Lernen erfordert keine bewusste Anteilnahme, sondern ist mit Wahrnehmungsstrategien, motorischen Fähigkeiten und Gewohnheiten verbunden, die im impliziten Gedächtnis gespeichert werden.

Reifungsvorgänge spielen bei der menschlichen Entwicklung eine große Rolle. Sie sind Voraussetzung für die am Kind zu beobachtenden Veränderungen in Leistung und Verhalten und erfassen sowohl das Wachstum des Körpers (Muskel- und Nervensystem) als auch die die seelische Entwicklung (vgl. STADLER, 1998).

Aufgrund der verlangsamten Reifungsvorgänge und Störungen der in Kapitel 5 beschriebenen EB wirkt sich eine schw. S auf das Lernen aus, worauf ich im folgenden Kapitel eingehen möchte.

8. Auswirkungen einer schw. S auf das Lernen

Die folgenden Ausführungen sollen nicht als verallgemeinerungsfähige Aussagen betrachtet werden, sondern Hinweise auf individuell mögliche Wirkungsfaktoren bieten. Des Weiteren möchte ich mich aufgrund des begrenzten zeitlichen Rahmens weitestgehend auf das schulische Lernen beziehen, auch wenn sich die meisten Aspekte auf das lebenslange Lernen übertragen lassen.

8.1 Motorik und Lernen

Das deutsche Wort „Lernen" stammt von einer germanischen Wortgruppe ab, die „sich bewegen, nachspüren" bedeutet. Diese etymologische Sinnverbindung macht deutlich, dass das Lernen auf sensomotorische Erfahrungen fußt. Dieser Zusammenhang ist bei M.m.schw.S aufgrund der fehlenden oder mangelhaften Kontrolle des Stütz- und Bewegungsapparates grundlegend verändert (vgl. LEYENDECKER, 1999). Es kommt zum einen zu Verlangsamungen und Ausfällen bei der Fortbewegung (viele Betroffene müssen passiv bewegt werden), im Umgang mit Arbeitsmaterial, bei der Erledigung von Aufgaben und bei alltäglichen Verrichtungen (vgl. STADLER, 1998). Alleine schon das „mehr" an Zeit reduziert die Quantität des Lernens. Zum anderen sind der Erfahrungsraum und die Erprobungs- und Handlungsmöglichkeiten – das Be-greifen – begrenzt oder verändert. Dies kann zu Einschränkungen in der Exploration, in der Wahrnehmung, des Gedächtnisses, des Lernens und der Intelligenz führen (vgl. LEYENDECKER, 1999).

8.2 Wahrnehmung und Lernen

Bei Menschen mit einer schw. S sind häufig auch weitere Behinderungen, vornehmlich sensorischer Art vorhanden, die nicht nur additiv hinzukommen, sondern sich gegenseitig verstärken und ihre Auswirkungen vervielfachen. Ist ein „Sinneskanal" ausgeschaltet, führt dies zu einem noch größeren, ohnehin schon vorhandenen Erfahrungsmangel und das Lernen ist aufgrund der eingeschränkten Aufnahmemöglichkeiten und der zusätzlichen Kompensationsbemühungen ineffektiver. Beispiele der in Kapitel 6.2 erwähnten zentralen Wahrnehmungsstörungen, die besonders auch das schulische Lernen beeinträchtigen sind folgende:

Die Reizselektionsschwäche zeigt sich in der Schwierigkeit, die Aufmerksamkeit selektiv zu lenken. Menschen mit einer schw. S werden von Reizen überflutet und nehmen zu viel auf ohne auszuwählen.

Bei der Diskriminationsschwäche ist die Unterscheidung aufgenommener Reize beeinträchtigt. Dies führt z.B. dazu, dass Berührungen nicht genau lokalisiert, bestimmte Formen beim Abtasten nicht identifiziert oder ähnliche Laute verwechselt werden.

Die Durchgliederungsschwäche zeigt sich im fehlenden Zusammenfügen von Einzelreizen. Dies wird z.B. beim Betrachten einer Landkarte oder beim Zerlegen eines Wortes in Einzellaute deutlich.

Bei der Figur-Hintergrund-Differenzierungsschwäche fällt es Menschen mit einer schw. S besonders schwer, die irrelevanten Hintergrundreize auszuschalten. So wird z.b. eine Abbildung vor einem diffusen Hintergrund nicht herausgesehen oder die Stimme eines einzelnen unter dem übrigen Geräuschpegel nicht herausgehört. Probleme bereiten sowohl einfache sensomotorische Handlungen (z.B. Klatschen im Takt) als insbesondere auch etwas komplexere schulische Tätigkeiten (z.B. Aufsatz schreiben), die der intermodalen und serialen Integration bedürfen.

8.3 Sprache und Lernen

Je schwerer die Spastik, desto größer sind auch die in Kapitel 6.3 beschriebenen Ausfälle, bzw. Störungen und damit verbundenen Anstrengungen beim Sprechen. Wenn dieses wesentliche Medium Sprache fehlt, leidet der Austausch mit anderen Menschen, so dass alternative Kommunikationssysteme erprobt werden müssen. Dieser Vorgang benötigt wesentlich mehr zeitlichen und organisatorischen Aufwand. Auch die nonverbale Kommunikation leidet aufgrund der eingeschränkten Grob-, aber auch Gesichts-, Mund- und Augenmotorik. Gestik und Mimik von M.m.schw.S werden häufig falsch gedeutet, aber auch die Betroffenen selbst haben Probleme, Gestik und Mimik richtig zu interpretieren und Missverständnisse sind vorprogrammiert. Die Responsivität der Interaktion ist vermindert zum einen durch veränderte, ausbleibende oder häufig nicht erkennbare Reaktionen des Kindes selbst zum andern durch damit abgeschwächte Reaktionen und Impulse der Bezugsperson. Diese gestörte Basis kommunikativer Begegnung zwischen Eltern und Kind manifestiert sich meist schon im Säuglingsalter. Wird das „Nichtverständnis" des Kindes nicht aufgehoben, ist kein Anlass zur Anstrengung mehr gegeben und die evtl. vorhandenen sprachlichen Anlagen verkümmern.

8.4 Sozial-emotionale Befindlichkeit / Verhalten und Lernen

Sowohl bei Unter- als auch Überforderung geht die motivierende Wirkung selbsterlebten Erfolgs (intrinsische Motivation) als eine wesentliche Bedingung des Lernens (bzw. Lernen Wollens) verloren. Veränderungen des Leistungsverhaltens bis hin zur Verweigerung lassen sich dadurch erklären und es kommt zu

Verhaltensstörungen. So ist z.B. das erhöhte Aggressionspotential ein Zeichen für die Spannungen und inneren Probleme, die sich in zwischenmenschlichen Beziehungen niederschlagen. Die soziale Integration (z.b. in eine Schulklasse) und Teilnahme am öffentlichen Leben ist somit erschwert und auch eine Mitgliedschaft in Cliquen von Gleichaltrigen Nichtbehinderten ist ohne Mobilität kaum möglich. Die Entwicklung der Ich-Identität ist aufgrund einer Inbalance zwischen sozialer und persönlicher Identität gestört.

8.5 Kognition und Lernen

Durch das „Lernbasis-Defizit" (KALLENBACH, 2000) ist das allgemeine Lernleistungsniveau der Menschen mit ZP grundsätzlich niedriger. Die Lernzuwachsrate fällt kleiner aus, das Lerntempo ist geringer, die Konzentration lässt schneller nach und die Lernprozesse sind häufig diskontinuierlich und verlaufen mit Lernplateaus und Phasen, in denen bereits Gelerntes kurzzeitig wieder vergessen wird. Menschen mit einer schw.s sind schneller erschöpft und benötigen viele Pausen. Auch folgende Besonderheiten stellte LEYENDECKER in seinen Untersuchungen fest: Orientierungsschwierigkeiten beim Verständnis von Lernaufgaben, Inflexibilität im Ausdenken von Lösungswegen, Schwierigkeiten bei der Einbeziehung gewonnener Erfahrungen, Perseverationen, Probleme bei Transfer- und Umlernaufgaben. Diese Besonderheiten dürfen zum einen nicht generalisiert werden, zum anderen sagen sie nicht ohne weiteres etwas über die Intelligenz der Menschen mit ZP aus. Da jedoch Lernen und Intelligenz sehr eng miteinander verbunden sind, ist die Intelligenzhöhe von Menschen mit ZP aufgrund von Wahrnehmungsstörungen und „Lernbasis-Defiziten" im Durchschnitt deutlich niedriger als die von Menschen mit Körperbehinderungen ohne Hirnschaden oder von nichtbehinderten Menschen; die Streubreite ist jedoch sehr groß. (vgl. LEYENDECKERN und NEUMANN, 1983).

9. Fazit

Wenn man sich all die Störungen in den EB und die jeweiligen Auswirkungen einer schw. S auf das Lernen ins Gedächtnis ruft: Kann man dann noch davon ausgehen, dass Lernen für M.m.schw.S überhaupt möglich ist?

Rufen wir uns die oben genannte Definition von Lernen ins Gedächtnis und definieren Lernen mit einer Verhaltensänderung durch Erfahrung, dann kommt man zum Schluss, dass zwar die geringe motorische Aktivität (Voraussetzung für Erfahrung) den Weg zur geistigen Aktivität erschwert. Dennoch ist bei jedem Menschen die Lernfähigkeit vorhanden, so dass auch bei einer schw. S Lernprozesse zur Entfaltung der Persönlichkeit angeregt werden können (vgl. STADLER, 1997). Unterricht und Erziehung sollen zu Erfahrungsanlässe schaffen und damit zu den Fähigkeiten und Kenntnissen verhelfen, die zur Bewältigung von Lebensanforderungen erforderlich sind. Bis in die 70er Jahre des 19. Jh. hinein wurde die Bildungsfähigkeit den Menschen mit schwerster Mehrfachbehinderung weitgehend aberkannt. Heute wird jedem menschlichen Wesen das Recht auf Bildung und Erziehung zugesprochen, egal welches quantitative oder qualitative Leistungsniveau sie erreichen werden. Die zu erreichenden Ziele von Kindern mit einer schw. S können sehr unterschiedlich sein. Während eher wenige durch angemessene Förderung und Therapie vielleicht ihren Realschulabschluss oder sogar Abitur machen können, ist bei anderen z. B. die Anbahnung von basaler Kommunikationsfähigkeit vorrangiges Ziel. Zielstellung aller lebensbegleitenden Förderung bei Menschen mit einer schw. S kann sich nicht auf die Abschaffung der Behinderung beziehen (vgl. FRÖHLICH, 1998). Es geht darum, Menschen mit einer Behinderung zu begleiten, ihnen Hilfestellung zu leisten, damit sie ihr Leben mit der Behinderung so normal wie möglich leben können. Erschwerungen eher organisatorischer Art kommen fast bei allen Kindern vor: So sind die meisten Kinder z. B. lebenslang auf pflegerische Versorgung und Therapie angewiesen, die zeitlich mit in die Unterrichtsgestaltung eingebaut werden muss. Viele werden zudem in jungen Jahren operiert und verpassen während ihrer langen Rehabilitationsphase Unterricht.

Operationen, eingeschränkte Lebenserwartung, andauernde Pflegebedürftigkeit
Auswirkungen auf schulisches Lernen (Frage der Definition, Vorkenntnisse,
Bedingungen: s. Wikipedia)
Mehrfachbehinderung